Reenamórate de tu negocio

Un viaje para reconectar con tu propósito, observar lo que cambia y crear con innovación desde el corazón.

SHANTI NILAYA
EDITORIAL

Reenamórate de tu negocio

Diseño editorial: Editorial Shanti Nilaya®

ISBN | 978-1-968500-69-6
eBook ISBN | 978-1-968500-70-2

www.editorial.shantinilaya.life

Reenamórate de tu negocio

Un viaje para reconectar con tu propósito, observar lo que cambia y crear con innovación desde el corazón.

Gaby Arriaga

SHANTI NILAYA
EDITORIAL

Contenido

Este no es solo un libro de negocios. Es un recorrido para volver a creer en lo que haces. Y para diseñar lo que viene, desde dentro.

DEDICATORIA

A todas las personas que se han atrevido
a comenzar algo propio.

A quienes cambiaron seguridad por ilusión,
rutina por riesgo, miedo por acción.

Ustedes son la inspiración para volver a
enamorarse de un negocio, una y otra vez.

AGRADECIMIENTO

Este libro es resultado de las muchas versiones de Gaby que he sido: la curiosa que preguntaba sin parar, la creativa que buscó nuevos caminos, la Gaby herida que dudó si podría seguir, y la que aprendió a mostrar sus procesos inacabados.

A la Gaby de hoy, le digo: gracias por atreverse a contar lo invisible y lo más humano.

INTRODUCCIÓN

Hay momentos en los que emprender deja de sentirse emocionante.

Te levantas cada día a trabajar en un negocio que tú misma(o) creaste, pero algo cambió. Ya no sientes la misma energía. No te emociona como antes. Las decisiones pesan, las ideas escasean y, aunque no lo digas en voz alta... te preguntas si seguir vale la pena.

Si estás ahí, este libro es para ti.

Lo escribí porque yo también he estado en ese lugar.

Después de más de quince años liderando una consultora de innovación y trabajando con empresas increíbles, me encontré un día exhausta, desconectada de lo que me movía. No era falta de ideas, era falta de sentido. Y descubrí que, para seguir creando, no necesitaba un plan de negocios nuevo.

Necesitaba volver a enamorarme de lo que hacía. Este libro es la guía que me hubiera gustado tener en ese momento. No es una fórmula rápida ni una receta de éxito. Es un recorrido para ayudarte a reconectar contigo, con tu cliente, con lo que cambia allá afuera y con lo que tú aún puedes transformar.

Este libro tiene una conexión natural con *Near Future Thinking*®, mi primer libro, donde explico cómo surgen las tendencias y cómo estas detonan procesos de innovación.

Aquí doy un paso más: repaso esos conceptos, sí, pero desde otro lugar.

Desde una mirada más cercana, más humana, más empática con quienes sostenemos un negocio y también sentimos miedo, incertidumbre, cansancio... y esperanza.

En estas páginas comparto las herramientas que aplico en procesos de consultoría con empresas globales, pero reconfiguradas para ti.

Para que tú, desde donde estás hoy, puedas volver a sentir entusiasmo, visión y amor por lo que haces.

¿A quién va dirigido?

A dueñas(os) de negocio, emprendedoras(es), creadoras(es) y líderes que sienten que su negocio ya no les inspira como antes. A quienes no quieren tirar la toalla, pero tampoco seguir en automático. A quienes desean volver a sentir emoción, claridad e innovación en su día a día.

¿Qué puedes esperar?

Un viaje dividido en tres fases que te llevará desde el cansancio hasta una visión renovada.

Con historias reales, ejercicios prácticos y herramientas sencillas, irás redescubriendo tu propósito, observando los cambios que importan y diseñando una nueva versión de tu negocio: una que te haga sentir orgullosa(o) y motivada(o) otra vez.

No te hablaré de métricas ni de embudos.

Te hablaré de personas, de señales, de creencias y de intuición.

Te mostraré cómo la innovación no empieza afuera... empieza dentro de ti.

Este libro no está escrito como un manual lleno de ejercicios seguidos uno tras otro.

Decidí salirme de ese formato. En cada capítulo encontrarás anécdotas personales: recuerdos de mi infancia, momentos difíciles y descubrimientos vividos como empresaria.

Historias que nunca había contado en público.

Lo hice así para hacer de este libro una conversación real, no una clase.

Porque creo que solo cuando nos compartimos con honestidad, inspiramos a otros a mirar dentro y transformar lo propio.

¿Cómo se recomienda leerlo?

Este libro está pensado para leerse con pausa.

Puedes recorrerlo capítulo a capítulo o detenerte en el que más resuene contigo ahora.

Cada sección tiene ejercicios para que lo vivas, y no solo lo leas. No necesitas llenarlo todo, solo dejarte guiar. Ten cerca una libreta o cuaderno donde puedas pensar en voz alta. Vuelve cuando lo necesites. Subraya, tacha, escribe en los márgenes.

No hay una forma "correcta" de leerlo.

Lo único importante es que lo leas con honestidad, con apertura... y con ganas de volver a sentir.

FASE 1:

RECONEXIÓN

Capítulo 1
Vuelve a lo que te movió

Redescubre tu propósito inicial y enciende de nuevo la chispa que te hizo emprender

¿Te ha pasado que un día te das cuenta de que sigues con tu negocio, pero no con el mismo entusiasmo con el que empezaste?

A veces, la rutina, la operación diaria, las exigencias externas y hasta el cansancio emocional hacen que perdamos de vista lo esencial: por qué comenzamos. Y sin esa conexión, cada paso que damos pesa más.

Este capítulo no es sobre *marketing*, ni sobre modelos de negocio. Es sobre reconectar. Es una pausa para mirar hacia dentro, volver al origen, recordar lo que te encendía por dentro cuando empezaste este camino.

Mi propia búsqueda: de la publicidad a la innovación

Soy una mujer que todo lo cuestiona y todo lo quiere investigar. Me encanta todo lo que sea distinto, lo disruptivo y aquello que marca una evolución a lo establecido. Me emocionan las nuevas tecnologías, el diseño que facilita la vida de la gente, los nuevos géneros musicales, las formas de usar las redes sociales y, en general, descubrir cualquier nueva propuesta para mejorar el entorno.

Al inicio de mi carrera trabajé en publicidad en distintas agencias en México y en España. Subí varios puestos hasta llegar a ser directora de Planeación Estratégica. El siguiente escalón en el organigrama era ser VP, pero eso no era un sueño con el que me identificara.

Era 2008 y *MySpace* ya era una red social relevante. Facebook empezaba a ganarle terreno. Era evidente que internet estaba cambiando la vida de todos, no solo de quienes amábamos la tecnología.

Una colega de la universidad renunció a su trabajo y me animó a hacer lo mismo para emprender algo juntas. ¿De qué? No lo sabíamos, pero teníamos claro que sería en torno a la innovación.

Así nació Leonardo1452, mi negocio de consultoría. Una compañía que le decía a otras empresas cómo podían crear productos novedosos que se sintieran adelantados a su época.

Cuando el motor se apaga...

Con el tiempo surgieron otras empresas en México que también ofrecían el mismo servicio: reportes de tendencias. También se empezó a hablar de "contenidos" y generábamos reportes para publicar en *YouTube*. Empezaba a hablarse de la importancia de generar contenidos para hacerte notar y construirte una imagen. En el canal de *YouTube* de Leonardo1452 puedes ver videos que hicimos para contar esas tendencias. Te recomiendo que veas esos videos a raíz de la pandemia H1N1, o las tendencias de 2011.

Me divertía generar contenidos. Hasta la fecha lo disfruto, pero quienes lo han hecho saben que es agotador. Internamente, hubo cambio de socia y de colaboradores, lo cual implicó un esfuerzo grande de mi parte; primero para adaptarme, y luego para capacitar al nuevo equipo.

En fin, nada que no sepas tú. Seguramente te has sentido con ese agotamiento que te hace cuestionarte si debes seguir o no.

El momento de redescubrir mi porqué

Ver que cada día hay más competidores, más el esfuerzo que implica la operación de un negocio, resulta muy estresante. Pero el mundo es así, no se detiene. Tener tu propia empresa es una carrera que no para.

Me di cuenta de que necesitaba gasolina emocional para seguir. Fue así como me detuve a recordar por qué puse este negocio. La razón que me hizo dar el salto del mundo corporativo para emprender algo en lo que creía: las ideas nuevas, lo disruptivo, la innovación.

Me hice estas preguntas:

- ¿Cómo integrar mi pasión personal en lo que hacemos?
- ¿Cómo sorprender a nuestros clientes con la información que ya generábamos?

Si aconsejábamos a las empresas sobre cómo innovar, ¿cómo podíamos ser más innovadores nosotros mismos?

La respuesta fue un proyecto llamado “La Mamá del Futuro”: un reporte sobre la evolución del rol materno desde 2014 hasta 2050. Pero lo verdaderamente innovador fue el formato en el que lo dimos a conocer.

La Mamá del Futuro: el día que yo no podía estar

En vez de entregar un informe tradicional, lo transformamos en una obra de teatro.

¡Sí! En una obra que fuera presentada en un escenario con personajes que representaran a una familia del futuro con la mamá, llamada Teté, como protagonista. La idea se me ocurrió al trabajar con Polo Silberman, un talentoso historiador y escritor que en ese momento estaba montando una obra de teatro. Observé su trabajo, y a su vez él vio el nuestro. De pronto, vi la conexión: entregar el reporte en un formato del mundo del entretenimiento era mucho más emocionante que un PDF. Así que le pedí que transformara un documento que suele ser muy corporativo en un guion para una obra teatral.

Cuatro actores maravillosos dirigidos por Polo montaron esta genial obra, que fue una manera muy novedosa de contar la información sobre el futuro y tendencias. En el canal de *YouTube* de Leonardo1452, puedes ver algunos clips del montaje y los testimoniales de quienes asistieron.

Al principio a mis clientes les costó mucho trabajo entender que en vez de invitarlos a una presentación en una sala de juntas los estaba llevando a un teatro. Estaban acostumbrados a leer un reporte de tendencias en una presentación de *PowerPoint*, pero los más valientes confiaron en nosotros y asistieron, saliendo felices de haber visto algo tan innovador. A varios de ellos me los he encontrado recientemente y aún recuerdan la información de "La Mamá del Futuro" que recibieron a través de la obra, mucho más que si solo hubieran leído el reporte.

Para dar difusión a esta iniciativa de la obra de teatro, el día del estreno nos invitaron de Radio Fórmula a dar una entrevista para hablar del proyecto, pues les parecía muy innovador. Decidimos que yo asistiría, mientras mi hermana (mi socia en ese momento) y todo el equipo se quedaban en la oficina para los últimos preparativos. Acordamos encontrarnos directamente en el teatro a las seis de la tarde.

Estacioné mi coche a una calle de la estación de radio. Debía cruzar la calle caminando, pero es una esquina que hasta la fecha está mal señalizada para los peatones, pues es el cruce de tres avenidas, y no es claro cuándo es el momento adecuado para cruzar. Me pareció un poco arriesgado, pero no tenía otra alternativa. Cuando vi que había una ventanita de oportunidad sin que pasaran coches, empecé a caminar y, poco antes de llegar al camellón, una camioneta que estaba esperando a dar vuelta decidió avanzar sin mirar al frente.

Sin mirar justo donde yo estaba pasando.

El coche me impactó y me aventó varios metros. Mi bolsa y mi *tablet* salieron volando. Yo estuve consciente todo el tiempo. Tirada en el suelo, noté, como en las películas, un silencio absoluto (que estoy segura sólo lo percibía yo, en una especie de shock). Hice un escaneo mental de mi cuerpo para ver si había algo fuera de su lugar o algún dolor importante.

Afortunadamente, no sentí nada grave. Sólo estaba un poco mareada. Me levanté, recogí mis cosas y me acerqué a la conductora, que ya estaba claramente muy nerviosa. Le pedí que llamara a su seguro.

Me acerqué a la banqueta para sentarme bajo una sombra. Ahí, vi la estación de radio frente a mí. Hasta ese momento, la gente se acercó para saber si estaba bien. Yo no podía dejar de pensar que aún tenía esa cita en la radio. Vi el reloj. Faltaban veinte minutos. "Todavía estoy a tiempo de llegar", pensaba.

La conductora se acercó otra vez, descolocada. Yo insistía: "por favor llama al seguro. Es lo que tenemos que hacer". Y le dije: "tengo una cita, pero en una hora estoy de regreso. Da tiempo perfecto para que llegue el seguro". Eso desconcertó a todos los que me escuchaban.

Una persona se acercó y me dijo: "yo no creo que sea buena idea que te vayas. Tienes que esperar a que te revisen porque podría haber una lesión interna". Y pensé que tenía razón. Me imaginé, como en las caricaturas, que de pronto los ojitos se me empezarían a llenar de sangre. Así que decidí hacerle caso.

Llamé a mi hermana Sandra para contarle la situación, cuidando de no espantarla, repitiendo que estaba bien, pero que alguien tenía que ir a la entrevista. Ella, desconcertada pero dispuesta, decidió avisar a la radio y tomar un taxi para llegar lo más pronto posible. Dice que cuando llegó a las instalaciones, alcanzaba a ver la ambulancia en la calle de enfrente, pero como yo le había dicho que estaba bien, y que afortunadamente había llegado Erika, quien era mi pareja, para acompañarme, se tranquilizó y entró a la entrevista, que fluyó sin problemas.

A mí me dio una tranquilidad enorme que la entrevista se realizara, y ya pude concentrarme en responder las preguntas del seguro, la policía y la ambulancia, que para ese momento ya habían llegado. Me llevaron a un hospital donde me tomaron radiografías; afortunadamente, no había fracturas. Sólo tenía dolor de brazo y pecho, pues un tendón cerca de la clavícula se había lastimado. Me dieron un analgésico potente y me dijeron que podía ir a casa.

Al salir del hospital, eran ya las seis de la tarde. Sabía que ya había comenzado la primera función (ese día habría dos funciones). Eran tantas mis ganas de estar ahí que le pedí a Erika que por favor me llevara al teatro: no podía perderme ese gran momento.

Llegamos. Para no interrumpir, esperamos afuera en un café, mientras comíamos algo. Cuando salió el público de la primera función, me encontré con mi equipo y les conté todo. No podían creer que estuviera ahí. Para muchos, era una imprudencia de mi parte. Pero, honestamente, no tenía dolor ni síntomas como para estar en reposo absoluto, y sabía que más me dolería estar en casa perdiéndome de esa experiencia por la que tanto habíamos trabajado.

Pocos minutos antes de iniciar la segunda función, todo mundo tomó su lugar, y subí al escenario junto con el resto del equipo, como estaba planeado desde el inicio, para dar la bienvenida a todos los asistentes, con todo y cabestrillo en el brazo. Era claro que algo me había pasado. Di una explicación muy rápida, pero me concentré en hablar de lo que significaba para todo el equipo tener a estos actores en escena y a ese público expectante del trabajo que habíamos preparado para ellos.

Fue así como dio inicio la segunda función de Teté, "La Mamá del Futuro".

Una reflexión necesaria

Sé que habrá quien lea esta historia y piense que no debí haberme presentado al estreno tras haber sido atropellada horas antes. Pero para mí, no era solo una función de teatro, ni un evento más. Era la culminación de meses de trabajo, de una idea que me había devuelto la emoción de emprender, de un esfuerzo colectivo con mi equipo, con actores, con socios y con sueños en juego.

Estar ahí fue un acto de presencia emocional, no solo física. Fue un recordatorio de que, cuando algo nos importa de verdad, el cuerpo también responde con fuerza, con intuición y con sentido.

Yo no sentía dolor. Sentía una determinación profunda. Me dolería más estar ausente de un momento tan importante que guardar reposo por precaución. No lo hice por terquedad, lo hice por amor.

Definitivamente esta iniciativa fue la gasolina que estaba buscando. A cinco años de operación del negocio, este proyecto, que fue el más importante del año y al que abocamos todos nuestros recursos, fue lo que me trajo aires renovados no sólo para poder seguir, sino para trabajar con más ganas. Ya la idea por sí sola me entusiasmaba muchísimo. Era divertido hacerlo, y todos la pasamos genial: clientes actuales y potenciales, colaboradores, productores y hasta la familia misma. Pero además el resultado en el negocio fue súper positivo, pues más empresas voltearon a vernos para trabajar con nosotros. El interés en nuestra marca, Leonardo1452, revivió y la lista de clientes potenciales creció. Me reenamoré de mi negocio. Volví a sentir ilusión. Todo empezó por hacerme una sola pregunta: ¿por qué puse este negocio?

Tu motor original

Lo que te movía cuando empezaste

Hay momentos en los que volver a lo esencial es la brújula más poderosa. Este ejercicio te invita a reconectar con el impulso inicial que te llevó a emprender.

Explora estas 4 preguntas, una a una, y escribe tus respuestas en los espacios del gráfico:

1. **¿Qué te emocionaba cuando empezaste?**
   ¿Qué idea, sensación o sueño te hizo dar el primer paso?
2. **¿Qué problema querías resolver?**
   ¿Qué te parecía injusto, ineficiente o simplemente mejorable en el mundo?
3. **¿A quién querías ayudar?**
   Piensa en esa persona, cliente o comunidad que querías servir desde el corazón.

4. ¿Qué tipo de impacto soñabas con generar?
¿Querías transformar, inspirar, simplificar, conectar...?

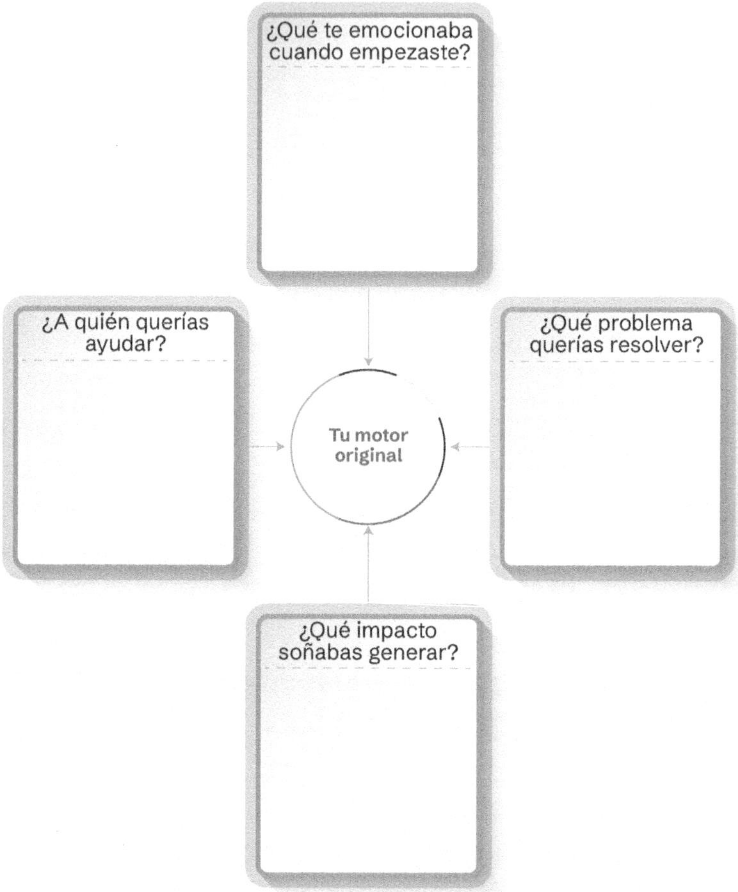

Después de responder, lee todo en voz alta como si fuera una historia: *tu historia*. Mira el centro. Pregúntate:

- ¿Qué palabras, emociones o ideas se repiten?
- ¿Qué frases te hacen sonreír, te encienden, te conmueven?

Escribe ahí lo que sientas que está en el corazón de todo.

No busques perfección. Solo verdad.

Luego, subraya las palabras que más te emocionen. Ahí está la raíz de tu propósito. Ese centro es tu motor original.

Y tal vez... también el punto de partida para volver a enamorarte de tu camino.

Cierra este capítulo con intención

No se trata de hacer grandes planes todavía. Se trata de recordar. Y desde esa claridad, empezar a mirar tu negocio con otros ojos... o, mejor dicho, con el mismo corazón con el que lo iniciaste.

Respira.

Tu motor sigue ahí.

Ahora que volviste a lo que te movía, es momento de reconectar con quienes ya han confiado en ti: tus clientes. Ellos también tienen pistas que pueden devolverte la claridad.

Capítulo 2
Escucha a quien te elige

Descubre lo que tus clientes sienten, valoran y creen cada vez que se acercan a ti

¿Cómo saber si sigues conectada o conectado con las personas que confían en ti? Reconectar con tu propósito es importante, pero no debes olvidar la importancia de escuchar a quienes han hecho posible tu camino: tus clientes. Escuchar no es solo entender qué compran, sino por qué te eligen. Qué sienten, qué buscan, qué les duele, qué los mueve.

Este capítulo es una invitación a volver a mirar con empatía a quienes te han elegido una y otra vez.

La historia detrás del dolor

Hace un par de años, una empresa farmacéutica francesa, uno de nuestros clientes en Leonardo1452, nos invitó a trabajar en un proyecto sobre el futuro del tratamiento para mejorar la movilidad. El objetivo era entender qué buscan realmente los pacientes cuando usan un medicamento que reduce el dolor en las articulaciones. Por lo general, son personas mayores, pero al avanzar en el análisis, me vi reflejada.

Desde muy joven he tenido problemas con mis rodillas. Se luxaban con facilidad, y eso me llevó a pasar por múltiples lesiones, episodios de dolor, rehabilitaciones, y varias cirugías. La última, en 2023, fue la más difícil. No solo físicamente, sino también emocionalmente: llegué a pensar que no volvería a caminar sin miedo. Sentía que cada vez estaba más lejos de ser esa persona activa que soñaba ser. Siempre quise ser una mujer que pudiera bailar con energía toda la música que me gusta. Y desde niña soñaba con ser deportista. Con mis vecinos y primos jugábamos béisbol, fútbol, carreras, etc. Pero al pasar los años, empecé a resignarme con la idea de que no sería una mujer del deporte, ni una muy ágil en sus movimientos. Después de esta última cirugía, y ya a mis 46 años, al sentir que no avanzaba en mi recuperación, me hundí por meses en un periodo de frustración, ansiedad y paranoia. Llegué a pensar que mi juventud había quedado atrás y que lo único realista sería aspirar a caminar... sin dolor.

Logré salir de ese episodio gracias al apoyo de muchas personas: Erika, Luis, mis papás, mi hermana, Val, Judith, Nadia, Elvia, Dr. Bon, J.C., mi equipo de trabajo de Leonardo1452 por su paciencia y una doctora de quien no recuerdo su nombre, pero que me daba una terapia alternativa con unas agüitas y una pluma roja, además de hipnosis.

Hoy, sigo teniendo días difíciles en los que subir escaleras o cargar cosas pesadas son todo un reto. De hecho, los medicamentos que más tengo en casa no son para la cabeza, ni para el estómago: son para el dolor articular y muscular. Pero algo cambió cuando encontré la natación en 2024, y aún más en 2025, cuando probé nadar en río y mar. ¡Qué sensación el sentirte ligera, que vuelas y que la fauna marina te rodea! No soy una atleta de élite, pero cada vez que me meto al agua siento que esa niña que quería ser deportista se acerca mucho a su sueño. Hoy, me emociona imaginar nuevos lugares donde pueda nadar y poder seguir explorando. Siento que estoy recuperando algo que pensé que había perdido para siempre: la ilusión.

Por eso, cuando hicimos ese reporte para la empresa farmacéutica, entendí que el foco no debía estar solo en "disminuir el dolor". Lo que los pacientes realmente deseamos es recuperar la capacidad de movernos. Subir una escalera sin miedo. Soñar con un viaje. Volver a sentirse capaz, con metas. Sentirnos jóvenes otra vez.

Lo que descubrí no estaba en una receta, sino en lo que sentía como paciente. Y eso es justo lo que debemos aprender a escuchar: las emociones, los sueños y las pequeñas ilusiones que mueven a las personas que confían en ti. Está en lo que viven, lo que sueñan, lo que extrañan. Y si sabes escuchar con empatía, esas emociones te dirán mucho más que cualquier dato. Porque detrás de cada cliente, hay una historia parecida. Una que merece ser escuchada con el corazón abierto.

Escucha con empatía

Este ejercicio te invita a mirar más allá de lo que vendes y comenzar a observar lo que realmente valoran las personas que te eligen.

No necesitas ser investigador profesional para hacerlo. Solo necesitas observar, preguntar y conectar. Ya sea que lo hagas en equipo o tú solo, intenta responder estas preguntas como si te pusieras en los zapatos de tus clientes.

Piensa en tu cliente actual y responde algunas de estas preguntas:

Uso y comportamiento

- ¿En qué momentos o situaciones usan tu producto o servicio?
- ¿Qué los hace pensar en ti cuando tienen una necesidad?

Propósito y rol

- ¿Qué problema les ayudas a resolver?
- ¿Qué rol cumple tu producto o servicio en su vida? ¿Es esencial o un gusto?
- ¿Lo planean o lo usan de forma espontánea?

Preferencias y valores

- ¿Qué características valoran más?
- ¿Qué principios o valores buscan en marcas como la tuya?
- ¿Priorizarían tu categoría por encima de otras?

Conexión emocional

- ¿Cómo se sienten antes, durante y después de usar tu producto o contratar tus servicios?
- ¿Qué emociones, recuerdos o significados asocian contigo?
- ¿Qué pasaría si tu producto desapareciera mañana?

Contexto cultural y generacional

- ¿Crees que su uso está influenciado por su edad, cultura o estilo de vida?

Aspiraciones y frustraciones

- ¿Qué los haría sentir que tu producto es aún mejor?
- ¿Qué los frustra actualmente?

Puedes escribir tus respuestas o hablarlas en equipo. Lo importante es abrir los oídos y la mente.

Descubre lo que realmente desean

Este paso es donde ocurre la magia: transformar respuestas en lo que realmente buscan en tus productos o servicio. Como decimos en el mundo de los negocios, aquí es donde descubres sus *insights* más profundos. Lo que tus clientes dicen no siempre refleja directamente lo que necesitan, temen o sueñan.

Veamos unos ejemplos:

CLIENTA DE UNA CAFETERÍA

Frase del cliente

"Busco café de alta calidad y tranquilidad"

¿Qué está buscando?

Quiere concentración y comodidad

Deseo profundo o *insight*

Mis clientes valoran espacios donde pueden trabajar y desconectarse

CLIENTE DE UN ESTUDIO DE CERÁMICA

Frase del cliente

"Me encanta venir a hacer cerámica, me relaja"

¿Qué está buscando?

Necesita un respiro del estrés

Deseo profundo o *insight*

Crear con las manos es una forma de cuidar la salud mental y emocional

CLIENTE DE UNA ESCUELA DE MÚSICA

Frase del cliente

"Siempre quise aprender piano, pero no pude de niño"

▼

¿Qué está buscando?

Está cumpliendo un sueño personal

▼

Deseo profundo o *insight*

Mis clientes creen que nunca es tarde para reconectar con su deseo genuino

Como ves, detrás de cada frase simple hay una verdad más profunda. Ahora es tu turno: observa lo que tus clientes dicen y pregúntate qué están revelando en el fondo.

Haz tu propio mapa de deseos

Para cerrar este capítulo, vas a crear un mini mapa de deseos que te ayudará a visualizar mejor lo que mueve a tus clientes.

Piensa en 3 frases reales que hayas escuchado o leído de tus clientes

1. Anota cada una en el mapa de deseos
2. Interpreta qué necesidad, deseo o emoción está detrás

3. Reformúlalo en una frase de intención profunda

Usa frases como:
» "Mis clientes necesitan sentir que..."
» "Las personas que me eligen valoran..."
» "Para ellos, es importante..."

Este tipo de frases te ayudan a entender lo que hay debajo de la decisión de compra. Y eso será clave para innovar más adelante.

Tu mapa de deseos

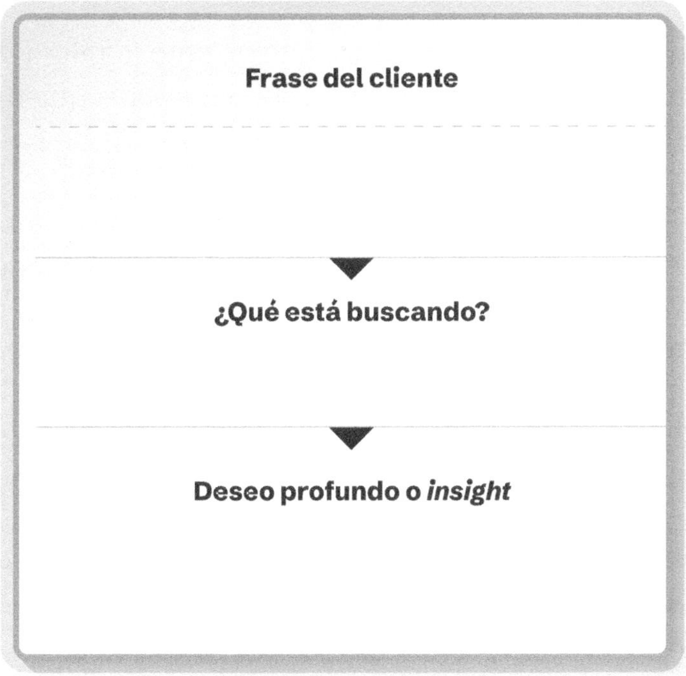

Guarda este mapa. Te servirá más adelante para detectar qué está cambiando en tu entorno. Porque cuando esas necesidades o deseos se transforman... nacen nuevas oportunidades para innovar.

Estos deseos de tus clientes serán la base para detectar más adelante qué está cambiando en tu entorno. Porque si entiendes las razones por las que te eligen, podrás ver con más claridad cuando ello empiece a transformarse. Y ahí, justo ahí, es donde nacen las nuevas oportunidades para innovar.

Haz una pausa aquí, cierra este capítulo con el corazón presente y mira hacia dentro antes de seguir.

Reconectar con tu propósito es solo la mitad del camino. La otra mitad es reconectar con quienes han creído en ti todo este tiempo.

Escuchar con empatía es un acto de humildad, pero también de estrategia. Porque quien entiende lo que su cliente cree, está un paso más cerca de evolucionar con él.

Lo que escuchaste no son solo opiniones. Son señales de lo que realmente valoran. Y cuando aprendes a ver más allá de las palabras, empiezas a descubrir lo que se está transformando. Vamos a explorar eso.

Capítulo 3
Pregunta, explora, redescubre

Detrás de lo que ya conoces,
hay piezas que aún no has visto

¿Qué pasaría si miraras tu negocio como si nunca lo hubieras visto antes?

¿Si dejaras de dar por hecho lo que haces cada día? A veces, las mejores respuestas no vienen de planear más... sino de hacer mejores preguntas.

Este capítulo es una invitación a detenerte, observar con curiosidad y redescubrir lo que siempre estuvo ahí.

Porque cuando haces preguntas nuevas, aparecen caminos que no sabías que existían.

Curiosidad sin control (remoto)

Siempre me ha causado curiosidad entender por qué suceden las cosas. Saber qué hay detrás de lo que damos por hecho. Y aunque hoy me dedico a explorar ideas, negocios y futuros posibles, creo que todo empezó cuando aún era niña, un día cualquiera, con un control remoto en las manos.

Recuerdo bien esa tarde. No había mucho qué hacer. Tal vez estaba aburrida, pero más que eso, estaba inquieta. Tenía una pregunta rondando en la cabeza: ¿cómo funciona esto?

Así que fui a la caja de herramientas de mi papá, tomé un desarmador y me senté en la alfombra con el control remoto de la televisión. Lo que quería era conocer qué piezas lo conformaban y tratar de entender qué mecanismos se activaban al presionar un botón y que lograban que se cambiara un canal o se ajustara el volumen. Me parecía fascinante descubrirlo.

Fui destapando el control con cuidado, como si se tratara de una cápsula secreta. Tomé cada pieza, procurando no dañar nada. Con la vista, seguía el camino de cada cable que tocaba un pequeño tablero verde. En este había otras líneas metálicas que conducían a algunas piezas de color cobre. No encontré la respuesta exacta a cómo funciona un control remoto, pero por lo menos hallé un nuevo micromundo de piezas metálicas interconectadas que no conocía.

No era solo una operación técnica. Era un juego de preguntas. Un juego de exploración. Cada pieza nueva abría otra duda. Me sentía dentro de una aventura microscópica, como si cada circuito ocultara una historia.

Volverlo a armar fue todo un lío y no logré hacer que el control funcionara nuevamente, lo que me tuvo en llanto por horas, con miedo a que mi papá me regañara. Me quedé arrinconada junto a la cama, con el control en las manos y lágrimas en los ojos. Pero cuando llegaron a casa, la primera que entró a mi cuarto fue mi mamá. Me encontró ahí, le conté lo que había pasado, y en lugar de regañarme, me abrazó. Me dijo que no me preocupara, que todo estaría bien. Sentí un gran alivio... y en ese momento me prometí que no lo volvería a hacer.

Pero hoy, a unos 40 años de distancia, me doy cuenta de que sí lo he seguido haciendo. Ya no desarmo controles remotos, pero sí voy investigando el porqué de lo establecido. Sigo jugando a descubrir cómo funcionan las cosas y cómo podrían funcionar distinto.

Ese momento que podría parecer un acto de travesura fue, en realidad, un ensayo temprano de lo que hoy hago todos los días: observar, desarmar, imaginar, volver a armar. A veces no queda igual. A veces no vuelve a encender. Pero siempre aprendo algo nuevo. Y lo mejor: sigo jugando.

Cuando somos niños, desarmamos las cosas para entenderlas. No tenemos miedo de romper algo si eso nos da una pista de cómo funciona. Pero al crecer, empezamos a temerle a esa curiosidad. Buscamos estabilidad, control, respuestas rápidas. Y dejamos de preguntarnos: ¿por qué esto es así? ¿Qué hay detrás?

Este capítulo es una pausa para volver a hacerte preguntas sin tener todas las respuestas.

Porque cuando observas con curiosidad, te das cuenta de que muchas partes de tu negocio siguen ahí no porque funcionen... sino porque nunca las volviste a mirar.

Desarma tu negocio con curiosidad

Así como un día abrí un control remoto solo para descubrir qué había detrás de cada botón, este ejercicio te invita a hacer lo mismo con tu negocio. No para arreglarlo. No para encontrar errores.

La idea es poder explorarlo desde la curiosidad, con preguntas que abren posibilidades. A veces, no entendemos por qué algo funciona (o no) hasta que lo vemos por partes.

Cómo hacerlo:

1. Piensa en tu negocio como un sistema de piezas

2. Haz una lista de las piezas que forman tu negocio.

Escribe los elementos clave que lo componen. Puedes usar estas categorías como guía:

» Productos o servicios
» Canales de venta
» Comunicación o redes sociales
» Experiencia del cliente
» Equipo de trabajo
» Ritual o momento importante

3. Elige tres piezas que te intrigue observar más a fondo. Para cada una, responde estas preguntas:

» ¿Qué hace que esto funcione así?
» ¿Por qué lo hago de esta forma?
» ¿Qué pasaría si esta pieza no existiera?
» ¿Qué parte no entiendo del todo, pero me intriga?
» ¿Qué otras formas hay de lograr lo mismo?

4. Anota lo que descubras

Puedes encontrar patrones, suposiciones que nunca habías cuestionado, o nuevas formas de hacer lo mismo. El punto no es cambiarlo todo ahora, sino observar con ojos nuevos.

Ejemplos para inspirarte:

Pieza: Comunicación en redes sociales

» ¿Qué hace que esto funcione así?
Publicamos contenido informativo con diseño cuidado, en horarios establecidos.
» ¿Por qué lo hago de esta forma?
Porque siempre lo hemos hecho así y vemos que otras marcas similares lo hacen también.
» ¿Qué pasaría si no existiera?
Nuestra marca perdería visibilidad y constancia. Pero también podríamos estar invirtiendo energía sin el retorno esperado.
» ¿Qué parte no entiendo del todo?
No sé si nuestros seguidores realmente interactúan por interés o solo por hábito.
» ¿Qué otras formas hay de lograr lo mismo?
Cambiar el enfoque a conversación: hacer preguntas, abrir diálogos, co-crear contenido con la comunidad.

Pieza: Experiencia del cliente en tienda física

» ¿Qué hace que esto funcione así?
La música, disposición de productos y atención buscan crear una experiencia agradable.
» ¿Por qué lo hago de esta forma?
Porque es lo esperado en una tienda física y así lo aprendimos desde el inicio.
» ¿Qué pasaría si no existiera?
Perderíamos un punto de contacto humano, pero podríamos encontrar otras formas de crear cercanía.
» ¿Qué parte no entiendo del todo?
No sé qué parte valora más el cliente: el trato, el ambiente, el descubrimiento o la rapidez.
» ¿Qué otras formas hay de lograr lo mismo?
Diseñar microexperiencias memorables o extender esa cercanía a lo digital, con asesoría personalizada en línea.

¿Y ahora qué?

Este ejercicio no busca respuestas definitivas. Lo que encontraste quizá sean dudas o ideas que no encajan todavía en la forma actual de tu negocio. No importa. Lo valioso es que te permite mirarlo desde otra óptica. Ese es el primer paso para atreverte a probar algo distinto: cambiar un detalle, experimentar una nueva forma o simplemente observar cómo reacciona tu cliente. Así que te invito a que elijas una de ellas y la transformes en un pequeño experimento: una acción simple que te acerque a ver tu negocio con nuevos ojos.

Para ayudarte a iniciar, te dejo aquí una tabla donde podrás desarmar tu propio negocio paso a paso.

Tabla: Desarma tu negocio con curiosidad

Pieza del negocio	
¿Qué hace que esto funcione así?	
¿Por qué lo hago de esta forma?	
¿Qué pasaría si no existiera?	

¿Qué parte no entiendo del todo?	
¿Qué otras formas hay de lograr lo mismo?	

Antes de seguir, mira lo que descubriste

- » Te hiciste preguntas. Observaste con atención.
- » Desarmaste lo que dabas por hecho y volviste a mirar con ojos nuevos.
- » Eso también es una forma de reconectar.

Con este capítulo, concluye la Fase 1: RECONEXIÓN

Regresaste al origen, escuchaste a quienes te eligen y exploraste con curiosidad lo que está detrás de cada decisión, proceso y hábito.

Ya volviste a mirar tu negocio con curiosidad. Ahora estás lista(o) para levantar la mirada y observar el mundo allá afuera. Porque lo que está cambiando ahí, también cambiará lo que esperan de ti.

Ahora comienza una nueva etapa: Escuchar para crear. Porque, así como tú estás cambiando por dentro, allá afuera también se están moviendo cosas. Y si aprendes a leer esos cambios, podrás imaginar lo que viene... y decidir cómo quieres responder.

Nos vemos en la Fase 2.

FASE 2:

ESCUCHAR PARA CREAR

Capítulo 4
Detecta los nuevos latidos

Aprende a identificar los cambios de creencias que abren la puerta a una transformación de tu negocio

Un nuevo paso hacia afuera

En la Fase 1 hiciste una pausa para mirar hacia dentro. Volviste a lo que te movía, escuchaste con empatía a quienes te eligen y empezaste a mirar tu negocio con ojos curiosos.

Ahora, en la Fase 2, toca salir. No solo a la calle, sino a observar lo que está cambiando en la cultura, en las conversaciones, en las creencias colectivas.

Porque tu negocio no existe en el vacío. Vive en un contexto. Y ese contexto también está en movimiento.

Esta fase te enseñará a escuchar lo que el entorno empieza a susurrar antes de que se vuelva tendencia.

A veces, el cambio es como el mar antes de una tormenta

A veces, las cosas no cambian de golpe. Cambian como el mar antes de una tormenta: primero una brisa, luego una ola pequeña... y de pronto, el paisaje ya no es el mismo.

Así funciona el cambio de creencias: empieza sutil, en un comentario, una decisión inesperada, un nuevo hábito que parecía pasajero... y de pronto, todo un grupo de personas ya piensa distinto.

Una tendencia no nace porque alguien la impone. Nace porque algo en lo profundo de la sociedad se empieza a mover.

El viento, los valores y las creencias

Como lo explico en *Near Future Thinking*®, una tendencia se mueve como una ola en el mar:

» Sin viento → el agua está en calma
» Con viento → el agua comienza a moverse

» Con un cambio de creencias → los mercados empiezan a transformarse

Ese viento son los valores y creencias de una sociedad.

» Un valor es un principio que guía nuestra forma de vivir (como proteger el medio ambiente o buscar libertad)
» Una creencia es una idea que asumimos como verdadera (como que el éxito se mide por cuántas horas trabajas)

Cuando estos cambian, todo lo demás empieza a moverse.

Haz una pausa para observar tu entorno

Antes de hablar de tus clientes, quiero que mires a tu alrededor con más sensibilidad.

Haz memoria de lo que ha cambiado últimamente en tu ciudad, en tu círculo, en tu vida cotidiana.

» ¿Qué cosas que antes se consideraban normales hoy ya no lo son?
» ¿Qué hábitos nuevos ves en las calles, en las redes, en tu familia?
» ¿Qué temas han dejado de ser tabú y hoy se hablan con libertad?

» ¿Qué frases o actitudes ya no suenan tan aceptables como antes?

Aquí algunos ejemplos que hemos visto en diferentes industrias:

Creencias del pasado	Creencias del presente
"La salud física se mide principalmente por el peso corporal"	"La salud incluye bienestar mental y emocional, no solo el peso"
"Los hombres no usan productos de cuidado personal"	"El cuidado personal es importante para hombres y mujeres"
"Las mujeres deben quedarse en casa cuidando de los hijos"	"Las mujeres y los hombres comparten roles parentales y laborales"
"Solo se puede tener una carrera profesional en la vida"	"Es normal cambiar de carrera y aprender nuevas habilidades varias veces"
"El trabajo debe hacerse en la oficina para ser productivo"	"El trabajo remoto es igual de productivo que el trabajo en la oficina"
"Las personas deben casarse jóvenes para tener estabilidad"	"El matrimonio es solo una opción, y la estabilidad no depende de él"
"La educación universitaria es la clave del éxito"	"El éxito se puede alcanzar con o sin educación universitaria tradicional"

Piensa si tú también has notado cambios parecidos en tu entorno.

Escucha activa de creencias en evolución

Las creencias no siempre se expresan en frases claras. Muchas veces se revelan en lo que tus clientes *preguntan, evitan, repiten*, o incluso *rechazan.*

Pero también viven en los libros que se publican, en las letras de las canciones más escuchadas, en los contenidos que se viralizan en redes o en lo que dicen los nuevos referentes culturales.

Este ejercicio se trata de abrir los ojos y los oídos a todo lo que te rodea.

Y no tienes que hacerlo solo. Invita a las personas que trabajan contigo. Ellos también son testigos valiosos de cómo piensan y sienten tus clientes... y de lo que resuena allá afuera.

Paso 1: Reúnanse como equipo

Explícales que van a observar activamente cómo piensan y actúan hoy sus clientes y también el entorno cultural más amplio, para detectar señales de cambio en valores y creencias.

Paso 2: Observen durante una semana

Cada persona estará atenta a:

Clientes (observación directa)
- » ¿Qué valoran más que antes?
- » ¿Qué rechazan hoy, que antes aceptaban sin problema?
- » ¿Qué nuevas frases o preocupaciones aparecen con frecuencia?

Redes sociales y medios digitales
- » ¿Qué temas están siendo tendencia?
- » ¿Qué opiniones o posturas generan conversación o controversia?
- » ¿Qué hashtags o frases se repiten con frecuencia?

Libros, música, cine, series
- » ¿Qué valores aparecen en los títulos más populares?
- » ¿Qué mensajes o ideas se están normalizando o cuestionando?

Referentes y líderes de opinión
- » ¿Qué causas defienden?
- » ¿Qué creencias impulsan con sus mensajes?
- » ¿A qué están renunciando o diciendo "esto ya no va más"?

Medios de comunicación y blogs especializados

» ¿Qué temas aparecen con más frecuencia?
» ¿Qué palabras nuevas están usando para hablar de lo cotidiano?

Paso 3: Vacíen sus hallazgos en una tabla compartida

Usen un formato físico o digital que puedan consultar y actualizar. Lo importante es construir un radar colectivo.

La siguiente tabla te servirá de ejemplo.

Fuente de observación	Observación concreta	¿Qué creencia revela o cuestiona?	¿Era diferente antes? ¿Cómo?	¿Dónde lo viste o escuchaste?
Cliente en mostrador	"Prefiero esperar a la fruta que es de temporada, no quiero comer algo que está modificado para que esté disponible todo el año"	Valora lo natural y lo estacional sobre la disponibilidad continua	Antes se valoraba tener acceso a todo tipo de fruta en cualquier época	Conversación en tienda

TikTok (video viral)	Usuarios celebran no usar filtros y mostrarse al natural	Rechazo al perfeccionismo estético	Antes se valoraba la imagen cuidada	Video en redes
Bestseller actual	Libro sobre renunciar a la productividad extrema	Se empieza a cuestionar el culto al rendimiento	Antes se glorificaba "estar ocupado"	Librería local
Líder de opinión	Influencer dice que ya no aspira a tener coche propio	Cambia el valor de "tener" por "compartir" o "usar"	Antes, tener coche era símbolo de éxito	Post en Instagram

Paso 4: Denle seguimiento

Este archivo no es un ejercicio de una sola vez.

Es un radar vivo que puedes seguir alimentando. Lo usarás en el próximo capítulo para transformar estas observaciones en ideas de innovación.

Actualícenlo de vez en cuando. Las creencias siguen cambiando, y este archivo puede convertirse en una brújula poderosa para tu estrategia.

Recomendación

No busquen confirmar lo que ya saben. Busquen descubrir lo que apenas empieza a moverse. Observen con apertura. A veces, la señal más poderosa no está en lo que grita... sino en lo que apenas empieza a susurrar.

¿Por qué este ejercicio es importante para tu negocio?

Porque detectar un cambio en las creencias de tus clientes te permite:

- » Estar un paso adelante de las tendencias
- » Ofrecer algo que realmente conecte con lo que hoy importa
- » Innovar desde la raíz, no desde la ocurrencia

Y como escribo en mi libro *Near Future Thinking*®:

"Lo esencial para un cazador de tendencias es descubrir cuándo un valor o creencia cambia".

Haz una pausa diferente

Hoy no te voy a pedir que cierres este capítulo con intención. Solo te invito a hacer algo más sutil: afina tu oído.

Empieza a escuchar no solo lo que la gente dice... sino *desde dónde lo está diciendo.*

Detrás de cada frase hay una creencia que está naciendo, transformándose o resistiéndose al cambio.

Y tú, como líder de tu negocio, puedes leer esas señales y prepararte para lo que viene.

Has afinado el oído para detectar creencias emergentes. Ahora es momento de convertir esas señales en ideas reales, relevantes y con sentido. Es hora de imaginar desde el cambio.

Lo que viene: transformar creencias en innovación

Este capítulo te abrió los ojos para detectar esos "nuevos latidos" sociales. Ahora sabes observar con más sensibilidad lo que cambia en tu entorno y en tus clientes.

En el próximo capítulo veremos cómo usar esa información para innovar. ¿Cómo transformar lo que observas en productos, mensajes, experiencias o servicios que realmente conecten?

Nos vemos en el Capítulo 5: De creencias a innovación.

Capítulo 5
De creencias a innovación

Convierte lo que observas en ideas
que transforman tu negocio

En el capítulo anterior aprendiste a afinar tu oído. A observar no solo lo que las personas dicen... sino *desde dónde lo están diciendo.*

Te diste cuenta de que muchas de las creencias que antes eran normales, hoy ya no lo son. Captaste los nuevos latidos que anuncian cambio.

Ahora, en este capítulo, vamos un paso más allá: ¿Qué haces con lo que observaste? ¿Cómo conviertes esas señales en ideas que realmente transformen tu negocio?

Porque una creencia que cambia... puede detonar una nueva necesidad, un nuevo producto, una experiencia inesperada. Y ahí es donde entra la innovación.

Cuando tus propias creencias cambian, todo cambia

Antes de pensar en tu negocio, te invito a que pienses en tu historia personal, en aquello que creías y que con el paso de los años te das cuenta de que ya no piensas de la misma manera. Y que ese cambio de tus propias creencias te ha llevado a actuar de otra forma a como hubieras actuado hace años.

Te cuento de mí.

Durante mucho tiempo creí cosas que hoy ya no me definen. Ideas que, en su momento, parecían verdades absolutas, pero que el tiempo, la experiencia y la introspección fueron transformando. No cambiaron de golpe. Recuerda que es como el cambio en el clima. El paso de un mar tranquilo a un huracán va de poco a poco. Así, un día me di cuenta de que ya pensaba distinto.

Creía que debía tener muchos amigos para sentirme acompañada.

De adolescente me angustiaba cuando no me invitaban a las fiestas de la gente más popular o cuando mis papás no me daban permiso de asistir. No tenía un grupo "grande" con quien celebrar cumpleaños. Pensaba que algo estaba mal conmigo, como si la cantidad de amigos validara mi valor personal.

Hoy creo que es mejor tener pocos amigos, pero genuinos.

Esos que están cuando importa. Esos que te escuchan con atención real, no por enterarse del chisme. Y todavía más importante: hoy valoro ser una buena compañía para mí misma. Poder disfrutar de mi tiempo, en silencio o en movimiento, sin necesitar aprobación externa. Sentir paz al estar sola conmigo.

Creía que si usaba ropa femenina entonces eso me definía como mujer.

Nunca he sido especialmente femenina según los constructos sociales con los que muchas mujeres de mi edad crecimos. Pensaba que debía vestirme, actuar o hablar de cierta forma para que los demás me reconocieran como "una mujer de verdad", para entonces poder encajar y ser aceptada. Pero algo en esa forma de actuar y vestir no concordaba conmigo. Me sentía incómoda. Me escondía, o me esforzaba de más por cumplir expectativas que no sentía mías.

Hoy elijo ser mujer a mi manera.

No lo define la ropa que uso ni los gestos que tengo. Ser mujer, para mí, es abrazar mi sensibilidad y las emociones que muchas veces están a flor de piel. Es el trabajo diario de aceptar y querer mi cuerpo, mi manera de moverme y de expresarme. Es defender mi propia voz aun cuando otras personas la quieren callar. Es ser solidaria con otras mujeres, practicar la sororidad. Es vigilar mi cuerpo que cambia con el paso de los años y los cambios hormonales. Es una identidad viva, no una caja rígida. Es algo que yo defino para mí. Que me funciona a mí. Y desde ese lugar, me reconozco más que nunca.

Creía que debía tener una oficina en un edificio lujoso y un equipo de trabajo grande para considerarme una empresaria de verdad.

Cuando fundé con mi primera socia mi empresa consultora, Leonardo1452, las personas que me deseaban éxito lo definían con imágenes de Gaby en una oficina con vistas a la ciudad, calzando tacones altos y dirigiendo un equipo de trabajo grande. El hecho de haber comenzado mi negocio en el patio trasero de mi casa era visto como algo provisional. En ciertos momentos también creí que esa foto de éxito (sin los tacones altos, obvio) era la única que indicaría que habría llegado lejos. Que tener un lugar con salas de juntas y logotipos en la entrada validaría lo que hacía.

Hoy creo que la esencia del liderazgo no está en los metros cuadrados, sino en la visión.

Trabajo la mayor parte del tiempo desde mi casa. No es el mismo edificio que al inicio, pero sigue siendo un espacio muy íntimo y funcional, con una computadora, una libreta, libros de consulta de ese momento, y toda la libertad de organizar mi día como mejor me acomoda. Trabajo con el mejor equipo de colaboradores que se conectan desde distintas ciudades en el mundo. Me di cuenta de que no todo el talento que se requería para dar un buen servicio a nuestros clientes está necesariamente en la misma ciudad en la que estoy yo. No necesito una oficina imponente para estar enamorada de lo que hacemos. Lo que me valida hoy no es un edificio... es lo que somos capaces de construir juntos.

Estos ejemplos no son solo reflexiones personales. Son recordatorios de que *cada vez que cambia una creencia, también cambia una necesidad, una expectativa, una forma de decidir.* Y lo mismo ocurre con tus clientes. Por eso, aprender a detectar esos cambios —en ti y en otros— es una de las habilidades más poderosas para crear ideas nuevas, relevantes y renovadas para tu negocio.

Las creencias son brújulas para innovar

Cada vez que una creencia cambia, cambia también el mapa interno de tus clientes: lo que desean, lo que esperan, lo que están dispuestos a valorar. Innovar no es adivinar el futuro, es saber interpretar lo que ya se está moviendo. Escuchar el cambio no es suficiente. Lo que transforma tu negocio es responder con coherencia y creatividad.

Y esas señales no solo están en las conversaciones con tus clientes. Están también en lo que la gente publica, comparte, canta o rechaza en el mundo cultural que habitan.

Por ejemplo:

- **Creencia emergente:** "El éxito no se mide por cuántas horas paso en la oficina"
- **Innovaciones posibles:** Horarios flexibles, trabajo remoto, evaluación por objetivos, coworking, espacios de trabajo compartido

El verdadero reto no es encontrar ideas geniales, sino escuchar con sensibilidad y responder con coherencia.

Convierte señales en soluciones innovadoras

Este ejercicio parte del análisis que hiciste en el capítulo anterior, donde tú y tu equipo se reunieron para escuchar activamente las creencias en evolución de sus clientes. Ahora es momento de traducir esas observaciones en propuestas reales: ideas frescas que respondan a lo que tu entorno ya empezó a cambiar.

» Elige una creencia detectada.
» Pregúntate:

  » ¿Qué está pidiendo esta creencia, aunque no lo diga de forma explícita?
  » ¿Qué podrías hacer diferente para responder a ella?
  » ¿Cómo podrías experimentar con una solución pequeña?

Este ejercicio es el puente entre lo que escuchaste... y lo que vas a crear.

Tabla de inspiración

Para inspirarte, aquí tienes una tabla con ejemplos de cómo una creencia emergente puede revelar una nueva expectativa y abrir la puerta a una innovación concreta. Puedes usar este formato como guía para detectar tus propias oportunidades.

Creencia emergente	¿Qué dice sobre mi cliente?	¿Qué oportunidad me abre?
"Prefiero marcas que cuidan el planeta"	Valora la sostenibilidad más que el empaque bonito	¿Podrías ofrecer refill, productos a granel o packing compostable?

"No me interesa el título universitario"	Busca aprender de manera práctica y flexible	¿Puedes ofrecer capacitación accesible, bootcamps, o contenido on demand?
"Quiero trabajar donde me sienta libre y valorado"	Busca propósito, flexibilidad y bienestar en su empleo	¿Cómo puedes mejorar tu cultura interna o beneficios para tu equipo?
"La salud es más que el cuerpo, también es la mente"	Ve el bienestar con un sistema integral	¿Qué experiencias, mensajes o servicios puedes ofrecer desde esa visión?

Cierra el círculo: de la escucha a la creación

Con el capítulo 4 aprendiste a detectar nuevas creencias. Con este capítulo, aprendiste a transformarlas en acciones.

Lo más importante no es tener ideas brillantes. Es saber leer el cambio y responder con algo que importe.

Tus clientes ya no creen lo mismo que antes. ¿Qué vas a crear para acompañarlos en esa nueva versión de sí mismos?

La chispa ya está encendida. Tienes una idea que nace de observar con sensibilidad. Ahora toca hacerla visible. Porque toda idea necesita tomar forma para empezar a transformarlo todo.

FASE 3:

MENTE RENOVADA, NEGOCIO RENOVADO

Capítulo 6
Construye sobre lo que imaginaste

Desarrolla, afina y prototipa la idea surgida de observar los cambios en tu entorno

Un nuevo paso hacia la acción

Ya abriste los ojos a lo que está cambiando. Ya escuchaste con más sensibilidad las nuevas creencias que emergen en tus clientes. Incluso ya transformaste esas señales en ideas frescas. Ahora viene el momento en que muchas personas se detienen... pero tú no. Porque tener una idea no basta. Es hora de darle forma. De construir sobre lo que imaginaste.

Una historia personal: cuando esperas a que esté perfecto

Soy una persona que puede darle un peso importante a la opinión de los demás. Quizá por eso, muchas veces me tardo en enseñarle al mundo algo que estoy creando. Me pasa con cosas grandes... y con las pequeñas también.

Cuando estudiaba piano, podía pasar horas practicando la misma melodía. No quería mostrarla hasta que sonara sin errores, hasta que no hubiera una sola nota fuera de lugar. Sentía que solo así valía la pena compartirla.

Años después, cuando empecé a compartir contenido en redes sociales, repetía el patrón: escribía, editaba, ajustaba, volvía a grabar, cambiaba la foto, el texto, el encuadre... hasta que parecía que lo había producido un estudio profesional.

También me pasa con mi trabajo. Por ejemplo, cuando analizo tendencias o escribo un reporte largo a partir de varios documentos, a veces tardo más de lo necesario en mostrar avances a mi equipo: espero a que esté "más listo". Pero justo por eso, tardo más en mejorar el resultado. En vez de sumar ideas pronto, me aíslo en la perfección.

Lo mismo me ocurrió cuando estudiaba francés. En lugar de hablar con alguien y dejar que me corrigiera, prefería esperar a tener una pronunciación perfecta. Como si equivocarme me hiciera menos capaz. Pero, al final, lo único que logré fue hablar menos... y aprender más lento.

Hoy entiendo algo que antes me costaba aceptar: mostrar el trabajo antes de que esté terminado no es debilidad. Es progreso. Porque no hacerlo lo vuelve más lento, más pesado y solitario. Es más importante tener retroalimentación oportuna, que esperar a tener algo perfecto. Se pierde tiempo. Se pierde energía. Y lo que empezó con ilusión, termina siendo una carga.

Mostrar lo que aún no está listo, aunque dé miedo, es una forma de avanzar.

Y en esta etapa de tu negocio, avanzar es mucho más valioso que impresionar.

El poder de hacer visible una idea

En innovación, prototipar significa hacer tangible una idea en su forma más básica.

No se trata de lanzar un producto terminado, sino de crear una versión simple que puedas probar, mostrar y mejorar.

Los expertos lo llaman prototipado de baja fidelidad (o *Lo-Fi*).

Usan papel, cartón, dibujos, videos simulados o simplemente una historia narrada paso a paso. Lo importante no es la estética, sino la claridad. ¿Qué quieres validar? ¿Qué quieres mostrar?

Prototipar es responder a estas preguntas con acción.

Haz una pausa para elegir qué vas a prototipar

En el capítulo anterior creaste ideas a partir de creencias emergentes. Pero no todas se deben prototipar al mismo tiempo.

Antes de seguir, elige 1 o 2 ideas que cumplan con estas condiciones:

» Resuelven un problema o necesidad clave de tus clientes
» Son viables con los recursos actuales
» Tienen potencial de generar impacto
» Son fáciles de comunicar o explicar

Puedes regresar a tus notas del capítulo 5 y marcar tus ideas candidatas.

Crea tu primer prototipo Lo-Fi: haz tangible tu idea sin esperar a que esté perfecta

Ya elegiste una o dos ideas clave del capítulo anterior. Ahora es momento de ponerlas en acción...

en su forma más simple. No se trata de perfección. Se trata de claridad y velocidad.

¿Por qué es útil?

- Reduce riesgos y costos: detectas errores antes de invertir dinero o tiempo en desarrollos costosos
- Permite iterar rápido: modificar un boceto es más ágil que corregir un producto terminado
- Facilita la comunicación: convierte ideas abstractas en algo visible y comprensible para tu equipo o clientes
- Te obliga a decidir: cuando tienes que dibujar tu idea, detectas lo que no habías pensado bien

¿Cómo hacer una sesión rápida de prototipado Lo-Fi?

Haz una sesión de 1 hora con tu equipo de trabajo para prototipar una de estas ideas.

1. Presenta brevemente la idea a prototipar (5 min)
   - Usa una frase simple. Ej.: “Queremos ofrecer un servicio de *refill* a domicilio”.

2. Construyan el prototipo en papel o materiales simples (20 min)
   - Esta es la parte más divertida: hacer tu

idea visible, sin complicarte, sin preocuparte por la estética. El objetivo es que cualquier persona pueda entender de qué va tu propuesta. Pueden usar lo que tengan a la mano: hojas blancas, lápices, *post-it*, cartulinas, tijeras, plumones.

Aquí algunos ejemplos de lo que puedes crear:

Idea: Tienes una tienda de productos naturales y quieres ofrecer kits personalizados de autocuidado.

Haz un dibujo simple del kit abierto, con etiquetas como “aceite esencial - relajación”, “té digestivo - noche”, “pulsera - intención”. Así visualizas qué incluye y cómo lo explicarías.

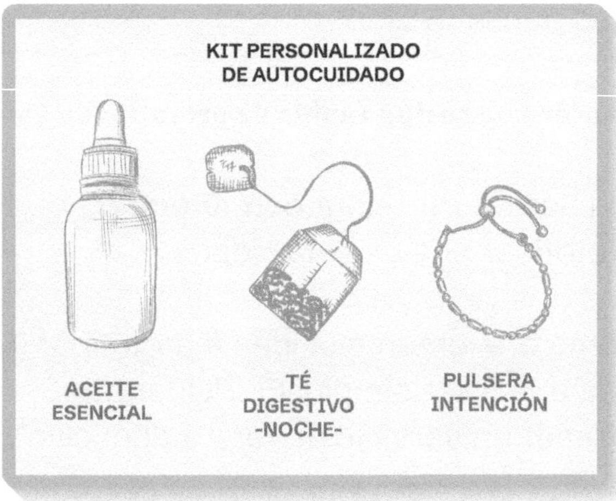

Idea: Quieres lanzar un servicio de asesoría exprés para emprendedores vía WhatsApp.

Diagrama la secuencia paso a paso de la experiencia.

1.Cliente ve un anuncio interactivo en redes

No solo un post; es un mini-quiz de 2 preguntas rápidas ("¿Qué reto quieres resolver hoy?")

2. Responde y recibe un enlace directo a WhatsApp

Según lo que eligió, llega con un mensaje automático personalizado:
"Hola, veo que te interesa crecer en ventas. ¿Quieres una asesoría exprés?"

3. Recibe un menú tipo chatbot con opciones de foco

Ejemplo:
"Ventas / Finanzas / Comunicación / Estrategia rápida"

4. Elige un tema y recibe microtips inmediatos

Antes de la sesión, recibe 3 tips de valor relacionados con su reto (para enganchar y generar confianza)

5. Agenda una sesión exprés de 20 minutos en un clic

El sistema le ofrece automáticamente 2 horarios disponibles

6. Tras la sesión, recibe un "mapa de próximos pasos"

No solo un PDF genérico, sino un esquema visual con:

- Lo que ya hace bien
- Un experimento para probar esta semana
- Un recurso recomendado (video, herramienta, contacto)

Esto ayuda a entender la experiencia completa en minutos.

Estos prototipos no se hacen para impresionar. Se hacen para entender, mostrar y ajustar.

3. Presenten su prototipo a una persona de tu equipo que no haya participado en la sesión. (15 min)
   » Expliquen cómo funcionaría, y escuchen sus reacciones sin interrumpir.

4. Recojan comentarios y definan próximos pasos (20 min)
   » ¿Qué quedó claro? ¿Qué se puede mejorar? ¿Qué confunde?

¿Cómo saber si tu prototipo ya está listo para ser probado con clientes?

» Muestra de forma clara lo esencial de la idea
» Puedes explicarlo sin necesidad de muchos detalles
» Al verlo, otras personas entienden de qué se trata y pueden darte retroalimentación
» Identificas puntos de mejora al compartirlo

Cierre del ejercicio

Este paso es poderoso, pero no es el final. Tu prototipo no es la solución definitiva, es una versión temprana que te permite aprender. Lo importante ahora es salir a la calle. Mostrarlo. Hacer que lo prueben. Porque ninguna idea mejora sola. Mejora cuando se enfrenta con el mundo real.

Cierra este capítulo con intención.

Prototipar es una forma de pensar. Una forma de avanzar sin tener todo resuelto. No es ensayo y error. Es ensayo y aprendizaje. Haz visible lo invisible. Porque si no lo construyes, nadie lo puede mejorar contigo.

Ya tienes algo concreto entre manos. Es momento de invitar a otras personas a continuar construyendo contigo. Dejar que la idea crezca bajo la mirada de ojos externos.

Capítulo 7
Haz que tu idea enamore

Porque ya no se trata solo de crearla...
sino de probar que genera conexión real

Un paso decisivo: cuando tu idea deja de ser solo tuya.

Viste lo que está cambiando. Imaginaste una solución inspirada en nuevas creencias. Incluso, ya le diste forma a esa idea y la hiciste visible.

Ahora llega un momento clave. La idea que creaste con tu equipo está lista para salir al mundo. Pero no para lanzarla masivamente, sino para probarla con quienes pueden verla con ojos frescos.

Este capítulo no se trata de evaluar si tu propuesta es perfecta. Se trata de hacer que enamore, que conecte, que se transforme en algo más fuerte con ayuda de otros. Porque cuando la compartes con personas que ya están listas para algo nuevo, tu idea deja de ser un borrador... y empieza a convertirse en una promesa.

Lo que aprendí improvisando

Hace algunos años me inscribí a un curso de improvisación teatral porque quería mejorar mis presentaciones en público.

Pensé que aprendería a expresarme mejor, a pensar rápido, a soltar el cuerpo frente a la audiencia. Y sí, aprendí todo eso. Pero también me llevé un montón de herramientas útiles para lo personal y lo profesional: trabajo en equipo, creatividad en tiempo real, escucha siempre activa, conexión con los demás, confianza. Y además me divertí muchísimo. Tanto, que terminamos haciendo un par de presentaciones, en teatro, frente a público real.

Hay una herramienta que aprendí ahí, y que uso una y otra vez en talleres y en sesiones de innovación, al crear productos o servicios. Es una muy sencilla pero poderosa: la técnica del "sí, y...".

Esta técnica consiste en aceptar lo que el otro propone ("sí") y construir sobre eso ("y..."). Se usa para crear escenas improvisadas, pero también es una lección sobre cómo colaborar mejor. Porque impide el bloqueo, la crítica temprana o el "eso no funcionaría". En cambio, abre el camino para que cada persona sume, y así las ideas crezcan entre todos.

Por ejemplo, imagina esta historia creada entre una tortuga y un colibrí.

Tortuga: "Colibrí, nos invitaron a la fiesta que organizan las ranas del pantano. Vamos a confeccionarnos ropa elegante con las hojas secas que han caído de los árboles"

Colibrí: "Sí, y para que no se rompan las hojas cuando bailemos, podemos coserlas con hilos de telaraña que encontré en el bosque"

(Nota que el colibrí pudo haber rechazado la idea y proponer otra alternativa a las hojas secas, pero usando la técnica "sí y...", se debe continuar construyendo la historia)

Tortuga: "Sí, y para completar el atuendo, podemos pintarlas con jugo de moras, así brillaremos como si lleváramos trajes de gala"

Colibrí: "Sí, y yo puedo bordar pequeños pétalos en tu caparazón, para que parezca una alfombra roja en movimiento"

Tortuga: "Sí, y yo te haré un sombrero para que combines con el pantano y todos digan que eres la sensación de la noche"

Colibrí: "Sí, y cuando lleguemos a la fiesta, abriremos el desfile bailando juntos: tú marcando el paso firme en tierra y yo girando sobre ti en círculos de colores"

Tortuga: "Sí, y así seremos recordados como la pareja que convirtió simples hojas secas en la moda más deslumbrante del pantano"

Ahora pensemos en un ejemplo aplicado a una solución para un negocio:

Persona A: "Estoy desarrollando una app para encontrar cafeterías con *wifi* rápido"
Persona B: "Sí, y te da recomendaciones basadas en tu tipo de trabajo: videollamadas, escritura, edición..."
Persona A: "Sí, y te dice qué mesa es mejor según la luz natural y el nivel de ruido"
Persona B: "Sí, y puedes reservar esa mesa por 90 minutos con una bebida incluida"
Persona A: "Sí, y los usuarios pueden dejar micro reseñas en tiempo real sobre el ambiente"

En segundos, una idea funcional se transforma en una experiencia más rica, útil y diferenciada.

Nadie la controla por completo. Pero todos la construyen. Y eso mismo sucede cuando pruebas una idea de negocio con las personas adecuadas.

No se trata de preguntar: "¿te gusta sí o no?" Se trata de invitar a otros a que digan: "sí, y... ¿qué tal si también...?" Esa es la magia de poner tu idea a prueba. No es solo recibir retroalimentación. Es reimaginar tu solución.

No pruebes con todos: hazlo con tus clientes early adopters

Cuando tienes una idea nueva, es natural querer mostrarla al mayor número de personas posible. Pero no todas las personas son las adecuadas para verla en esta etapa. Algunas la juzgarán demasiado pronto. Otras no la entenderán del todo. Y algunas más simplemente no están listas para algo distinto.

Por eso, necesitas mostrarla primero a quienes están abiertos al cambio. A quienes ya están buscando lo que tú estás creando. Esos son los early adopters.

En mi libro *Near Future Thinking*®, hablo de ellos como las personas que adoptan ideas nuevas no por moda, sino porque están alineadas con un cambio interno: un nuevo valor, una nueva creencia, una nueva prioridad.

Pero aquí te dejo algunas señales rápidas para detectarlos entre tus clientes o contactos actuales:

- » Hacen preguntas que muestran que ya están pensando distinto
- » Piden cosas nuevas que tú aún no ofreces
- » Se emocionan cuando les hablas de una idea aún en borrador
- » Están dispuestos a probar y a darte su opinión
- » Ya han cambiado su comportamiento antes que la mayoría

No necesitas muchos. Con tres o cuatro personas así, puedes tener un gran taller de prueba y cocreación.

Haz un taller de prueba + cocreación

Ya tienes una idea. Ya la prototipaste de forma simple (en papel, maqueta, video, historia o esquema). Ahora es momento de ponerla en movimiento: hacer que alguien externo a tu negocio la vea, la use y la transforme contigo.

Este ejercicio no es para confirmar si tu idea está "bien o mal". Es para ver cómo evoluciona cuando tus clientes la tocan.

Por eso, en lugar de una entrevista o encuesta, te propongo algo más poderoso: un taller breve con *early adopters.*

¿Cuál es el objetivo del taller?

- » Probar tu prototipo de forma realista
- » Recoger retroalimentación útil
- » Cocrear nuevas versiones o mejoras con personas que ya están abiertas al cambio

Duración sugerida: 1.5 a 2 horas

Participantes: 3 a 6 early adopters

Materiales: tu prototipo *(Lo-Fi)* + hojas, post-it, marcadores, celular o tablet si es digital.

Agenda del taller

10 min - Bienvenida	Explica la idea y el propósito. Frase guía: "Esto no está terminado. Vamos a completarlo juntos usando la técnica del "si, y..."
5 min - Presentación del prototipo	Muestra tu prototipo sin justificarlo demasiado. "No quiero un veredicto, quiero que juguemos con él"
20 min - Prueba más "sí, y..."	Los participantes usan el prototipo y encadenan aportes con frases como: "Sí, y también podría..." "Sí, y esto me recuerda a..."

25 min - Cocreación	En parejas o tríos, rediseñan o mejoran la idea usando lo que surgió en la cadena de "sí, y..."
10 min - Cierre	Cada grupo comparte su versión y responde: ¿Qué parte te gustó más? ¿Qué añadirías todavía?

Registra lo que funcionó y lo que vas a mejorar

Después del taller, es importante organizar todo lo que escuchaste y observaste. No todo lo que te digan será una verdad absoluta, pero sí será información valiosa que te ayudará a tomar mejores decisiones.

Este paso evita que las ideas se pierdan entre comentarios sueltos o que tomes decisiones impulsivas. Aquí no se trata de complacer a todos, sino de detectar lo que puede hacer más fuerte tu propuesta.

Usa esta tabla para organizar tus notas:

Registro de aprendizajes y mejoras

¿Qué funcionó?	
¿Qué fue confuso o débil?	
¿Qué propusieron los participantes?	
¿Qué vas a ajustar o rediseñar?	

Consejo: si alguien dijo algo que te incomodó, no lo descartes de inmediato. A veces, esas frases son las que más pueden ayudarte a mejorar.

Este ejercicio también es una forma de honrar la colaboración. Porque si otras personas confiaron en ti para construir algo juntos, lo mínimo es escuchar de verdad lo que ayudaron a revelar.

Decide tu próximo paso

Después de escuchar, probar y cocrear, llega el momento de decidir qué sigue. Este paso es fundamental. Muchas ideas se quedan flotando en cuadernos o pizarrones porque no se convierten en tareas concretas.

No necesitas tenerlo todo resuelto. Pero sí necesitas saber qué vas a hacer en los próximos días. Una idea no se valida en teoría. Se valida cuando la pones a prueba paso a paso, en el mundo real.

Esta tabla te ayudará para avanzar con claridad:

Plan de acción:	
Tarea clave	
¿Qué voy a hacer?	
Responsable	
Fecha límite	
¿Qué necesito para hacerlo?	

Llena esta tabla con acciones concretas que te acerquen a la próxima versión de tu idea.

Puede incluir, por ejemplo:

» Rediseñar el prototipo
» Hacer ajustes según la retroalimentación
» Grabar un video para explicar la propuesta
» Cotizar materiales o servicios clave
» Definir el precio inicial o la estrategia de comunicación
» Programar una nueva ronda de prueba con otra persona

Consejo: no esperes a tener todo perfecto para avanzar. Define lo más importante para esta semana... y hazlo.

Este tipo de plan te ayuda a mantener el enfoque, distribuir tareas si trabajas en equipo, y evitar la parálisis por análisis. Además, cuando las ideas se convierten en acción, dejan de ser sueños y se convierten en decisiones.

Cierra este capítulo con intención

Crear algo nuevo no es un acto solitario. Las mejores ideas no se construyen en silencio ni se pulen en secreto. Se enriquecen en conversación. Se afinan en compañía.

Cuando pruebas tu idea con early adopters y la dejas evolucionar con sus aportes, no estás cediendo el control: estás ampliando tu visión. Estás invitando a otros a construir contigo.

Y eso no solo mejora tu propuesta: fortalece el vínculo con quienes algún día la van a elegir.

Mostrar tu idea no es el final del proceso creativo. Es el comienzo de una nueva versión, más clara, más fuerte, más viva. Así como en la improvisación teatral, una historia se vuelve inolvidable cuando todos suman su parte... tu negocio se vuelve más relevante cuando lo construyes escuchando a quienes ya creen en él, incluso antes de que esté listo.

Porque innovar no es tener la razón. Es tener el valor de dejar que otros te ayuden a ver lo que tú sola aún no ves. De esa forma tu idea no sólo es inteligente, es una idea con alma.

Tu idea ya no es solo una idea. Es una propuesta viva que ha sido tocada por otros. Ahora es tiempo de elevar la mirada. Porque si quieres que tu negocio siga vivo... necesitas aprender a ver lo que aún no es obvio.

Capítulo 8
Entrena tu mirada hacia el futuro

Proyecta lo que viene. Lidera con visión

Escuchar el presente es un acto de empatía. Pero mirar hacia el futuro es un acto de liderazgo. Porque mientras otros reaccionan, tú puedes anticiparte. Mientras otros esperan a ver qué pasa, tú puedes empezar a construir lo que viene. Este capítulo es una invitación a entrenar ese músculo que muchas veces dejamos de lado por estar apagando fuegos: tu capacidad de anticipar, de visualizar, de decidir con visión.

Vi venir la ola. No me preparé.

Se veía que la inteligencia artificial venía con fuerza. Lo leía, lo escuchaba en conferencias, lo veía en informes de expertos. Me fascinaba. Incluso hablaba de ello con mis clientes. Era parte de mi rutina profesional mantenerme informada, así que no era ajena al tema.

Pero no lo estaba incorporando en mi propio negocio. Tenía anotado ese pendiente en mi libreta de notas, pero no le dedicaba el tiempo a resolver el cómo hacerlo. Pensaba: ya encontraré el tiempo para concentrarme en ello.

Era evidente que la ola se estaba levantando, pero yo, que siempre hablo de que hay que prepararse para lo que se viene, ignoré mis propios consejos. La ola ya venía con mucha rapidez y fuerza a alcanzarnos a todos.

Pasaron los meses, que en estos tiempos equivalen a décadas, y seguíamos haciendo los reportes usuales, en la misma forma de siempre: leyendo decenas de documentos, resumiendo manualmente, cruzando ideas con nuestro equipo. Mientras tanto, consultoras de tendencias internacionales ya habían dado el salto: reportes generados con IA, chatbots que contestaban en segundos qué estaba pasando en cualquier industria, desde la belleza hasta la salud. No solo comprendían la IA. La habían vuelto parte de su propuesta de valor.

Y ahí fue cuando lo entendí: haberlo visto venir no era suficiente. No lo había usado a mi favor. Y por un tiempo, quedamos en desventaja.

Reaccioné con excusas de que no había tiempo y sentí enojo conmigo misma. Había visto la señal, y, sin embargo, el día a día nos ganó la partida. Estaba ocupada entregando lo urgente. Y lo importante, la visión y la estrategia, quedó para después.

Entonces recordé una frase de Dwight D. Eisenhower que nunca había cobrado tanto sentido:

"Lo urgente le quita tiempo a lo importante".

Y lo importante, en ese momento, era mirar más allá del informe que teníamos que entregar esa semana. Era preguntarnos:

» ¿Qué herramientas vamos a necesitar dentro de seis meses?
» ¿Qué expectativas tendrán nuestros clientes dentro de un año?
» ¿Será nuestro servicio útil y vigente dentro de cinco años?

Pensar en el futuro no es un lujo ni una distracción. Es una práctica. Un músculo. Una ventaja. Puedes entrenar tu mirada para ver lo que otros aún no ven. Y cuando lo haces, el futuro deja de parecer incierto y evitarás sentirte con enojo contigo mismo, como me sentí yo.

Anticipar no es adivinar, es pensar como líder

Mirar hacia el futuro no es una práctica esotérica ni una actividad reservada para expertos en tecnología o futurología. Es una habilidad que cualquier persona puede desarrollar. De hecho, es una de las más necesarias hoy para liderar con claridad.

Pensar en el futuro no significa adivinar lo que va a pasar. Significa prepararte para múltiples posibilidades. Significa ampliar tu campo visual, detectar patrones, entender señales tempranas y desarrollar la capacidad de responder con agilidad ante lo inesperado.

Así como puedes entrenar tu oído para detectar nuevas creencias en tus clientes, también puedes entrenar tu visión para detectar hacia dónde se mueve el mundo. Esa visión no se trata de tener certezas, sino de tener apertura.

En el pensamiento de futuros existen tres horizontes que puedes explorar:

Futuro probable

Situaciones que ya están ocurriendo. Estos escenarios están vinculados directamente a las tendencias de consumo actuales, que son una forma de predecir lo que sucederá a corto o mediano plazo.

Futuro plausible

Escenarios que podrían suceder basados en lo que conocemos hoy. Estos futuros tienen una base lógica en los avances actuales.

Futuro posible

Todo lo que podemos imaginar, incluso si hoy parece desafiar la realidad tal como la conocemos (por ejemplo, las leyes de la física).

Si necesitas revisar con mayor detalle estos conceptos, consulta mi libro *Near Future Thinking®*.

Veamos un ejemplo aplicado a un negocio particular, una escuela de danza.

Futuro probable	Clases de danza impartidas en vivo desde otras ciudades o países mediante realidad aumentada, que permiten a los alumnos interactuar con coreógrafos internacionales o ya fallecidos sin salir del estudio.
Futuro plausible	Sensores corporales y trajes inteligentes que traducen los movimientos en tiempo real a entornos virtuales, permitiendo presentaciones sin escenario físico o incluso coreografías generadas por IA en respuesta al cuerpo del bailarín.

Futuro posible	Escenarios donde la danza no depende de un cuerpo físico. Nuevas tecnologías permiten proyectar movimientos directamente desde la mente o los sueños, creando coreografías que nunca fueron ensayadas. Los bailarines podrían compartir un mismo “cuerpo colectivo” en el que varias conciencias se unen para ejecutar una pieza imposible de lograr individualmente

Ahora, hazlo tú para tu negocio

Esta tabla con preguntas clave puede ayudarte:

Este ejercicio es tu oportunidad para llevar la visión al terreno de lo posible. No se trata de hacer predicciones exactas, sino de imaginar escenarios y prepararte con intención.

Este mapa no predice, pero amplía tu rango de visión. Es una brújula para diseñar con intención.

Tipo de futuro	Definición	Preguntas guía	Escenario de futuro de tu industria.
Futuro probable	Lo que probablemente sucederá porque ya está en marcha	¿Qué cambio ya está en marcha y podría impactar directamente tu negocio? ¿Qué comportamientos de tus clientes ya estás observando y que es muy probable que continúen?	
Futuro plausible	Escenarios que podrían ocurrir si ciertas condiciones se dan	¿Qué innovación o nuevo comportamiento podría generalizarse pronto? ¿Qué cambios podrían ser factibles en tu industria si se aprovechan tecnologías o comportamientos?	

Futuro posible	Todo lo que puedes imaginar, aunque hoy parezca inalcanzable	¿Qué avances o cambios radicales podrían cambiar por completo tu industria? ¿Qué escenario suena futurista, pero te inspira a prepararte desde hoy?	

¿Qué puedes hacer con cada tipo de futuro?

No necesitas crear un nuevo producto de inmediato. A veces, el primer paso es prepararte mejor. Aquí algunas ideas de acción según el tipo de futuro:

Futuro probable - Lo que ya está en marcha.

» Ajusta tu comunicación para responder a ese comportamiento emergente
» Mejora un proceso que ya no responde a la nueva expectativa de tus clientes
» Habla con tu equipo sobre cómo adaptarse a este cambio en los próximos meses
» Revisa tus productos actuales: ¿siguen siendo relevantes frente a esta tendencia?

Futuro plausible - Lo que podría pasar pronto si ciertas condiciones se dan.

» Investiga qué están haciendo empresas en otros países frente a este cambio
» Prueba una versión simple o piloto de una idea relacionada
» Establece alianzas con expertos o startups que ya están explorando ese terreno
» Haz una encuesta a tus clientes para validar si ese cambio se está gestando

Futuro posible - Lo que hoy parece lejano o radical.

» Lee sobre tecnologías o ideas futuristas que podrían impactar tu sector
» Asiste a un evento o conferencia sobre innovación radical
» Imagina: ¿qué harías si esto ya existiera? Usa ese ejercicio como inspiración
» Crea una carpeta con señales, artículos o ejemplos disruptivos y obsérvalos con regularidad

Haz del futuro tu ventaja

Liderar un negocio hoy no es solo tomar buenas decisiones en el presente. Es también entrenar la mirada para ver lo que aún no es visible. Una mirada hacia el futuro no es un lujo. Es una responsabilidad.

Conocer sobre futuros y practicar ejercicios como los que viviste en este libro no es una actividad teórica: es una herramienta poderosa para crear con visión, anticiparte a los cambios y diseñar propuestas que se mantengan relevantes en el tiempo.

Este libro no te pidió que tuvieras certezas.

Te invitó a reconectar contigo, con tu cliente y con el mundo.

A observar, a transformar, a imaginar, a construir.

Y al hacerlo, también te invitó a liderar con más sentido.

Cada vez que exploras un futuro posible, plausible o probable, estás entrenando tu mente para responder con inteligencia, no con miedo. Estás fortaleciendo tu capacidad de innovar, no solo de reaccionar.

Y eso cambia todo.

Tu negocio no necesita perfección.

Necesita visión, honestidad y movimiento.

Ya diste el primer paso: mirar distinto.

Ahora te toca seguir caminando.

Con más claridad. Con más propósito.

Y con la certeza de que volver a enamorarte de tu negocio... también es una forma de liderar.

Este no es el final. Es el inicio de una nueva forma de mirar, crear y decidir. Tu negocio puede renovarse cada vez que tú te atrevas a observar distinto. Y tú ya lo hiciste.

Conclusión

Lo importante no era llegar, era volver a sentir

Reenamorarte de tu negocio no significa regresar al pasado. Significa reconectar con lo que de verdad importa. Escuchar lo que ha cambiado —en ti, en tus clientes, en el mundo— y permitirte rediseñar con intención.

A lo largo de estas páginas volviste a sentir propósito. Te abriste a mirar con más empatía.

Detectaste señales culturales que anuncian nuevas tendencias. Convertiste ideas sueltas en propuestas reales. Y descubriste que la innovación no empieza en la estrategia... empieza en ti.

Quizá, por primera vez en mucho tiempo, sentiste que tu negocio podía emocionarte otra vez. Y eso ya es una forma de empezar de nuevo.

No necesitas tener todas las respuestas. Solo necesitas seguir haciéndote buenas preguntas.

Observar distinto. Escuchar profundo. Imaginar con libertad.

Este libro termina, sí.

Pero lo que empieza ahora es más valioso: una forma más consciente de liderar, crear y decidir. Una relación más viva con lo que haces. Una mirada más amplia para todo lo que viene.

Tu negocio puede transformarse tantas veces como tú lo necesites. Y cada vez que lo mires distinto... volverás a enamorarte de él.

Siempre estaré aquí para apoyarte en ese camino. Te invito a que sigamos compartiendo esos momentos que a veces nos derrumban... pero también cómo, paso a paso, volvemos a encontrar el rumbo. Porque emprender no es lineal. Es un acto de creación constante.

Y no estás sola(o) en eso.

Gracias por permitirte vivir este viaje.

Gaby Arriaga es una de las voces más influyentes en innovación y pensamiento de futuro en habla hispana. Fundadora de la consultora Leonardo1452 y autora del método *Near Future Thinking®*, ha asesorado a compañías como Google, Nestlé, L'Oréal, Kellogg's, Sanofi, Mondelēz, Anheuser-Busch y PepsiCo para anticipar tendencias y transformar modelos de negocio.

Ha formado líderes en América Latina y Europa, y ha compartido escenario con referentes como Martin Lindstrom.

Este libro, sin embargo, nace desde otro lugar: de ese punto en el camino donde el cansancio pesa más que la pasión.

Aquí comparte lo que a ella la ayudó a volver a creer.

Porque a veces, lo que necesita un negocio no es una nueva estrategia, sino una nueva manera de volver a sentirlo tuyo.

Sitio web: gabyarriaga.com

Made in United States
Cleveland, OH
05 November 2026

47664962R10070